Lic. Alcira Silvia Romano

Incubación Creativa de Ideas de Negocios
Plan de Desarrollo Personal para generar su Emprendimiento

Ricardo Vergara
Ediciones

Romano, Alcira Silvia
 Incubación creativa de ideas de negocios.
- 1a ed. –
Ciudad Autónoma de Buenos Aires : RV Ediciones, 2014.
90 p. ; 220x140 cm.

1. Marketing. I. Título
CDD 658.83
Fecha de catalogación: 28/10/2014

Coordinación de Producción y Edición: Ricardo Vergara
Te: (011)-15-6231-2760 y (011)-4901-2300
e-mail: edicionesvergara@gmail.com

Para comunicarse con la autora:
www.alciraromano.com.ar
Te: (005411)4779-9370

Interiores; Nicolás Neufeld

Ciudad de Buenos Aires, República Argentina.
Queda hecho el depósito que marca la ley 11.723.

Impreso en Argentina - Printed in Argentina.
La Imprenta YA, Florida Pcia. de Buenos Aires
en el mes de noviembre 2014.

Todos los derechos reservados.
® Ricardo Vergara Ediciones
® Alcira Romano

Indice

Prólogo   9
Introducción   11

Capítulo I – El Empresario   15
I.1 Perfil esperable del empresario   15
1.2 El espíritu empresaria   21

Capítulo II – Yo, empresario   23
II.1   Autoconocimiento   23
II.1.1   Ejercicios de autoevaluación
de potencial empresarial   23
II.1.1.a Perfil de sistemas integrados   23
II.1.1.b Cuestionario del perfil emprendedor   27
II.1.1.c Cuestionario de su perfil motivacional   27
II.1.1.d Cuestionario de evaluación de las
características empresariales personales   27
II.2   Plan de vida   28
II.2.1   Liderando nuestro futuro:
objetivos personales y profesionales   28
II.3   Valores   29
II.4   Proceso de establecimiento de
objetivos de vida   32
II.4.1   Fijación de objetivos personales
y profesionales

Capítulo III – Incubación creativa de la idea de negocio   35

III.1   La creatividad aplicada a los negocios   35
III.2   Fases del Proceso   38
III.3   Laboratorio de incubación de la idea de negocio   40
III.4   Armado de la carpeta preliminar de la idea de negocio   50

Capítulo IV – Desarrollo de la mentalidad empresaria   55

IV.1   Formación de equipos de trabajo   55
IV.2   Toma de decisiones   58
IV.3   Visión compartida   59
IV.4   Valores de la Organización   61
IV.5   Negociación efectiva   61
IV.6   Liderazgo   64
IV.7   Comunicación   65
IV.8   Atención al cliente   67
IV.9   Introducción al coaching/el líder como coach   69

Capítulo V – Arquitectura Herrmann.
Arquitectura sobre el autoconocimiento, el de los otros y la toma de decisiones a cerebro integral   71

VI. Epílogo   83
VII. Bibliografía   85
VIII. Formación académica y práctica   87

Dedico este libro a mis Padres José y Lili, a mis Maestros Guy Aznar y Emilo Bertoni, a mis hermanos Marcos y Leonardo Romano, a mis sobrinos Federico, Natalia, Yamila, David, Misha Romano y a todos mis amigos.

Prólogo

Este Libro nació como idea en mi consultorio en el año 1984.

Ese año, mis pacientes mujeres, comenzaron a tener necesidad de ayudar a mantener sus hogares con su trabajo, con sus competencias dentro del contexto de incertidumbre económica a la que estamos acostumbrados en nuestro querido país: sus maridos eran despedidos de sus trabajos.

Ellas comenzaron a visualizar sus habilidades y cada una fue creando su propio microemprendimiento para colaborar en el mantenimiento del hogar.

De esa manera fui pergeñanando modalidades de sacar a la luz sus competencias más destacables para convertirlas en negocios.

Grandes fueron sus éxitos que aún hoy me lo agradecen. HOY en día, pasados ya muchos años. hombres, mujeres y jóvenes se ven en la misma encrucijada de qué hacer si deciden cambiar de empleo, cuáles son sus competencias más destacables para hacerlas un negocio, cómo reinseratarse en el mercado laboral.

Este libro está dedicado a todos aquellos que perdieron el rumbo, y no saben que todos tenemos un talento y una misión en la vida, un ser superior nos lo ha otorgado y tenemos el deber de darlo a los otros.

Que les sea útil
Con cariño

Lic. Alcira Silvia Romano

Introducción

Estamos ya en el siglo XXI y no nos cabe dudas que en todas las áreas de la vida las cosas están cambiando y muy aceleradamente por cierto.

Dentro de lo que atañe al mundo del trabajo, los antiguos modelos o paradigmas en los que fuimos educados, dejan de estar vigentes, tanto por razones geopolíticas como económicas, sociales y culturales.

El trabajo en una misma empresa de por vida, tal como lo vivimos hasta hace alrededor de una década, ya no es lo esperable, ni siquiera lo aconsejable. Hoy se piensa que debemos prepararnos para cambiar por lo menos tres veces de trabajo a lo largo de una vida activa.

Por otro lado, el avance vertiginoso de la tecnología, la búsqueda de una mejor calidad de vida que hace emigrar a la gente de las grandes ciudades a las periferias, la disminución del capital económico o su alta concentración, está modificando la empleabilidad en su duración y en sus exigencias.

Todos estos cambios nos obligan a repensar nuevos modos de acción que nos permitan autoabastecernos, canalizar creativamente nuestras capacidades y habilidades en pos de nuestra autorrealización y prosperidad. Fundamentalmente, no pensar como única vía de incorporación al mercado laboral al empleo, sino considerar factibles el *autoempleo o la creación de emprendimientos propios.*

Según datos estadísticos recientes, en el mundo occidental, el 85% de los empleos son generados por las PyMES y alrededor del 80% de la economía está basada en la producción de las mismas.

Este libro tiene la intención de facilitar una metodología simple pero profesional a todas aquellas personas que necesiten o deseen crear y poner en marcha su propio proyecto laboral: *ideas de negocio puestas en acción.*

Está dirigido tanto a quienes tengan como base capacitaciones empíricas (como alguien, que sin tener estudios técnicos ni superiores ha trabajado en empresas), así como para quienes cuenten con estudios técnicos o universitarios, y deseen profesionalizar el planeamiento y la gestión de su microempresa o de su autoempleo.

El hecho es que para crear la empresa propia, no importa su tamaño, se requieren aptitudes o habilidades: conocimientos de gestión empresarial, tanto como actitudes exigidas por la función del emprendedor. Estas actitudes mentales y conductuales darán soporte efectivo a la expresión en hechos de las mismas.
Por más y mejores aptitudes que poseamos (conocimientos, experiencia, aún nuestra inteligencia racional), el éxito en la implementación de las mismas dependerá de cómo las utilicemos o pongamos en práctica; eso es la actitud (que incluye a nuestra inteligencia emocional según Daniel Goleman).
Hablaremos en términos generales de emprendimientos, ya que, no importa su tamaño, tanto los uni-

personales (autoempleo) como las microempresas, las medianas y las grandes, poseen básicamente una estructura similar adonde no pueden faltar en términos de sistemas de producción de bienes y servicios, las cuatro áreas básicas y sus respectivas funciones:

A.   Área de desarrollo, innovación y creación de nuevos productos.
B.   Área de finanzas, evaluaciones económicas, de factibilidad y de toma de decisiones.
C.   Área de ventas y comunicación.
D.   Área de administración, planificación y ejecución de proyectos.

Por último, este texto está focalizado en el desarrollo de la mentalidad empresaria, la creatividad aplicada a la incubación de ideas de negocio, su chequeo de viabilidad en la realidad y la planificación para su puesta en marcha en la realidad.

Capítulo I:
El empresario

I.1 Perfil esperable del empresario

El tomar la decisión de **"incubar una idea de negocio"** y transformarla en un emprendimiento es algo que sin duda requiere un concienzudo análisis de las posibilidades personales tanto como de las del entorno: región, país, localidad, continente, en fin, el mundo.

Las posibilidades son infinitas cuando estamos dispuestos a dar lo mejor de nosotros mismos en pos de nuestra realización personal y profesional.

Para ello, es imprescindible conocernos en nuestras fortalezas y debilidades, admitirlas y tratar de saber utilizarlas en nuestro beneficio y en el de nuestra comunidad.

Hablaremos de **aptitudes empresariales** cuando nos refiramos a conocimientos de actividades aprendidas; a la idoneidad para algo. Su elección está relacionada con el perfil de preferencias de pensamiento y acción que luego veremos.

Hablaremos de *actitudes* empresariales cuando nos refiramos a las habilidades espontáneas que por educación familiar, historia y talentos innatos mostramos ante el trabajo y porqué no, ante la vida en general. Se refieren a la disposición de ánimo y a competencias que podemos haber desarrollado en términos de nuestra relación con los demás.

Las mismas determinan el modo en que hacemos uso o ponemos en práctica nuestras aptitudes: *no importa lo que sabemos sino cómo utilizamos lo que sabemos*.

Algunas de las *actitudes* del empresario son:

1- ***Muestra iniciativa o proactividad:* el empresario exitoso busca o crea las oportunidades de negocio. No las espera, sino que las detecta espontáneamente si agudiza su percepción respecto de necesidades no satisfechas en algún nicho de mercado; es decir, va en su búsqueda. Para ello es fundamental que esté lo más informado posible acerca de la realidad económica y comercial.**

2- ***Es creativo:* pone ingenio en su visión de la realidad; busca alternativas no convencionales; asocia elementos dispersos en un conjunto armónico generando ideas, productos o servicios novedosos.**

3- ***Es audaz:* asume riesgos y se adecua a la realidad adaptándose a los cambios inesperados sin desesperar, sino activando su capacidad de responder creativamente.**

4- ***Sabe analizar y evaluar sus ideas antes de concretarlas:* los riesgos que asume son calculados.**

Es decir, no actúa impulsivamente; después de haber definido su idea de negocio, la chequeará con el mercado para verificar su viabilidad.

5- **Puede compartir con otros sus proyectos:** sabe que varias mentes piensan más que una y que la unión de energías en pos de un mismo objetivo (sinergia), potencia las posibilidades de concreción del mismo tanto como su crecimiento.

6- **Establece objetivos claros:** se establece una meta clara antes de actuar. Ella debe ser significativa para él en términos de realización laboral y personal. Debe estar de acuerdo a sus valores, creencias y deseos para que se dedique con pasión a la misma, ya que le dedicará gran parte de su vida.

7- **Planifica sus acciones:** establece prioridades, sabe diferenciar lo urgente de lo importante. Va secuencialmente paso a paso, con una planificación previa hasta alcanzar las metas parciales.

8- **Puede tomar decisiones con rapidez y seguridad:** esta condición depende del manejo de las emociones. Las personas muy emocionales tienden a demorar asumir el riesgo que implica la toma de decisiones, o pueden paralizarse ante situaciones conflictivas o de stress laboral.

9- **Es capaz de asumir compromisos y responsabilidades:** luego de haber tomado una decisión debe comprometerse con ella y también tener la flexibilidad necesaria para cambiarla si fuera preciso. También debe comprometerse y cumplir con las promesas que hace a otros (socios, proveedores y clientes).

10- **_Es capaz de comunicarse adecuadamente:_** establece relaciones con los demás a través de una comunicación clara y directa. Puede ponerse en el lugar del otro para comprenderlo y así lograr acuerdos (vender, comprar, negociar).

11- **_Es capaz de dirigir a otros:_** si tiene ideas claras, ha definido sus objetivos y planifica acciones, además de tener una adecuada capacidad de comunicarse, podrá coordinar y conducir a otros en sus respectivas responsabilidades.

12- **_Está dispuesto a trabajar duro:_** sabe que para alcanzar su meta deberá disponer de gran energía física y mental, así como de todo el tiempo necesario en su vida cotidiana para dedicarse a su emprendimiento.

13- **_Es perseverante y no se amilana ante los obstáculos:_** los fracasos, no importa su magnitud, son usina de aprendizaje. Si se los toma de esta manera, el emprendedor redobla su esfuerzo en analizar las causas de los mismos y corrige sus acciones en el futuro.

14- **_Es cumplidor con lo que promete:_** tiene palabra y se compromete con ella, lo cual implica respeto por el otro y cuidado de la imagen de su negocio y de la suya personal. El éxito de su emprendimiento depende de la venta, y ya sabemos que lo que "vende, ante todo, es la confianza".

15- ***Sabe organizar las tareas para alcanzar sus metas:*** la capacidad de organización es determinante para el logro de la efectividad. Esto implica la previa planificación de acciones en pos de los objetivos a corto y a mediano plazo. El ideal es la búsqueda de *excelencia* y ésta se logra gracias a la llamada Calidad Total: concepto que implica que cada función dentro de la empresa debe tender a realizarse con error=0 (cero) para que el sistema funcione sin pérdidas de tiempo, de energías o de recursos.

16- ***Pide asesoramiento a especialistas en temas que no maneja:*** conoce sus debilidades y sabe cómo suplirlas a través de la consulta a profesionales que saben de sus materias específicas tales como contadores, abogados, especialistas en marketing, en comunicación, técnicos en el rubro que competa a su empresa, otros. Sin embargo, el emprendedor debe saber qué preguntar, lo que implica que debe tener conocimientos generales a cerca de todos los temas involucrados.

17- ***Sabe asociarse o rodearse de personas que lo complementen en sus capacidades:*** cuando se arman sociedades o asociaciones para trabajos puntuales, es preciso conocer el propio perfil, las propias fortalezas y debilidades para que la organización tenga todas sus áreas de funcionamiento cubiertas por personas que las correspondan en sus requerimientos. Si por ejemplo mi perfil es muy racional, analítico y no creativo, deberé buscar incorporar alguien con capacidad de innovar que me complemente. Este tema será profundizado más adelante.

18- ***Es realista pero optimista y entusiasta:*** sin dejar de estar conectado con la realidad, debe confiar en que la propia realidad es transformable por uno mismo. De nada sirve una visión pesimista, escéptica. Quedarse en la queja lo único que produce es parálisis y amargura. Nada cambia si estamos sumergidos en una actitud negativa ante la vida. En nuestras manos está el cambiar nuestras circunstancias si sabemos valorarnos.

19- ***Tiene confianza en sí mismo:*** como acabamos de decir, sabe de sus capacidades, talentos y habilidades, confía en su criterio y está convencido de que alcanzará sus metas.

20- ***Sabe negociar:*** sabe ponerse en el lugar del otro para buscar acuerdos que beneficien a ambos. Hoy en día, la mejor forma de negociación es aquella donde ambas partes salen ganando, aunque deban ceder algo de sus respectivas posiciones para ello.

21- ***Tiene motivación al logro:*** de alguna manera este concepto es sintetizador de las condiciones vistas. Una persona orientada al logro es aquella que lucha por la excelencia, establece metas de largo plazo, toma riesgos moderados y utiliza la retroalimentación (medición de resultados), para medir su progreso y establecer nuevas metas.

Algunas de las actitudes mencionadas pueden considerarse también aptitudes, en la medida en que pueden ser aprendidas para su utilización en la tarea. Ellas son básicamente:

- La comunicación efectiva;
- El liderazgo;
- La planificación;
- La determinación de objetivos y metas;
- La negociación.

I.2 El espíritu empresarial

Después de haber leído esta lista de condiciones, tal vez usted llegue a la conclusión
de que no posee las necesarias para generar una idea de negocio y llevarla a la realidad concreta.

Sin embargo, existe siempre la posibilidad de asociarse o armar un equipo de trabajo con personas que posean perfiles complementarios al suyo.

Varias condiciones pueden ser cubiertas por socios u otras personas de la organización, ya que consideramos que la tendencia más efectiva y con mayores posibilidades de éxito, es salir del individualismo para pasar a la asociación de capacidades y de recursos, para lograr la sinergia necesaria que garantice fuerza, acción y constancia que no siempre posee una sola persona.

Capítulo II
Yo Empresario

II. 1 Autoconocimiento

Llegó la hora de autoevaluarse en sus capacidades empresariales y en su perfil.

A partir de ahora, le pedimos que realice todos los ejercicios prácticos en un cuaderno destinado exclusivamente al trabajo de generar su propio empleo o emprendimiento.

Ninguna de las respuestas que dará a continuación poseen una valoración de juicio: no están bien o mal. Simplemente dan cuenta de cómo somos en función de dirigir o formar parte de una micro/empresa y en consecuencia, qué funciones y roles ejecutaremos con mayor efectividad y facilidad.

II. 1. 1 Ejercicios de Autoevaluación de Potencial Empresarial

II.1.1.a – Perfil de sistemas integrados y su vinculación con el Perfil Herrmann de Dominancia Cerebral

Una empresa es un sistema compuesto por diferentes áreas o factores que se integran y complementan entre sí para dar origen a un todo que es superior a la suma de sus partes. Todos ellos son imprescindibles, pero no pueden existir plenamente si los otros no funcionan a su par.

Cada área o subsistema puede estar encarnado dentro de una Organización (no importa su tamaño), por una persona o por un equipo.

Cuando se trata de un pequeño emprendimiento, unipersonal, el emprendedor debe cubrir las cuatro áreas básicas o bien asociarse o contratar personas adecuadas que posean el perfil adecuado para cubrirlas.

Usted ha analizado con su coach en el módulo anterior su Perfil Herrmann de Dominancia Cerebral. A hora veremos cómo es aplicable a este módulo.
Como resultado de la evaluación, usted advertirá que puede identificarse con o preferir uno, dos, tres o aún los cuatro cuadrantes.
Al tratarse de funciones o localizaciones cerebrales, todos poseemos los cuatro cuadrantes, pero preferimos alguno/s, usamos otros y hasta podemos evitar totalmente alguno.
Cada uno de ellos nos habla de habilidades naturales o adquiridas en el modo de manejar la realidad en general, de aprender, de tomar decisiones, así como de la forma de ser en el trabajo y en la vida personal.
Dentro de una estructura organizacional, deben estar inexorablemente presentes y representados por una o más personas, todos y cada uno de los cuadrantes, porque:

- A través del Perfil o cuadrante Creativo se genera una idea para ser concretada y "vendida" en la realidad. Es decir genera el *qué hacer*.

- La idea debe ser chequeada por el Perfil o Cuadrante Racional en su factibilidad o viabilidad en la realidad concreta. Determina el *por qué* es aconsejable su ejecución. Si éste le da el visto bueno, después de un análisis lógico a través de una investigación de mercado, se la pasa al cuadrante siguiente.

- Perfil Implementador. Éste la lleva a cabo, planificando las acciones tácticas y estratégicas a seguir, es decir, establece *cómo* producirlo y venderlo.

- Por último, el Perfil Comunicador, determina *a quién* se la vende, los canales de comunicación más apropiados, y se relaciona con el comprador.

Como vemos, en este modelo se hayan contemplados de manera sintética todos los aspectos de un negocio:

- **El aspecto intelectual creativo,**
- **El aspecto intelectual analítico,**
- **El aspecto productivo y administrativo y**
- **El aspecto comunicacional y de venta.**

Así se gestiona todo el proceso de generación y puesta en marcha de una idea que puede ser un negocio u otro tipo de proyecto.

En el caso de la creación y puesta en marcha de micro emprendimientos, este ejercicio nos permite evaluar nuestro perfil para detectar nuestras fortalezas: aquello en lo que podemos ser muy buenos y también nuestras debilidades: aquello en lo que necesitamos que nos complementen.

Por ejemplo una persona con perfil predominantemente creativo y comunicativo o sensible, necesitará asociarse con otro de perfil racional e implementador para formar un equipo integral.

En general, los emprendedores suelen tener los cuadrantes uno y cuatro como dominantes, ya que deben ser capaces de tomar decisiones por la vía racional y no por la emocional.

De la misma manera se necesita un creativo que genere permanentemente nuevas ideas de servicios, productos o modalidades de ventas, de administración y otras.

Pero todo esto no funciona como negocio sin gente que implemente las tareas, planifique, ejecute, administre, organice. Ni sin personas que comuniquen y vendan, se contacten con el Cliente potencial y que retroalimenten a los creativos respecto de lo detectado como nuevas necesidades del mercado. Con lo cual el circuito vuelve a circular.

Desde ya que todo esto puede realizarlo una sola persona si posee todas las habilidades requeridas pero en la actualidad y mundialmente se propende a la asociación y al trabajo en equipo, que puede funcionar como una gran mente en pos de un objetivo común explícito.

Ejercicio:

Le sugerimos que realice este ejercicio: analice a las personas que tiene en su mira para compartir su proyecto. Deben conformar un equipo cerebro integral para cubrir todas las áreas del futuro negocio.

Así tendrá más posibilidades de acercarse al mismo de manera racional y no sólo por amistad, familiaridad o conocimiento.

II.1.1.b Cuestionario de perfil emprendedor

Su coach le facilitará un cuestionario sobre potencial empresarial.

Por favor, complete el cuestionario en la hoja de respuestas, la que será analizada por su coach.

II.1.1.c Cuestionario de su perfil motivacional

Su coach le facilitará un cuestionario sobre su perfil motivacional, que permitirá analizar, entre determinados factores básicos motivacionales, cuáles son los que predominan en usted.

Por favor, complete el cuestionario en la hoja de respuestas, la que será analizada por su coach.

II.1.1.d Cuestionario de evaluación de las características empresariales personales

Su coach le facilitará un cuestionario sobre características empresariales personales, que permitirá analizar cuáles son los que predominan en usted.

Por favor, complete el cuestionario en la hoja de respuestas, la que será analizada por su coach.

II.2 Plan de Vida

II.2. 1 Liderando nuestro futuro: objetivos personales y profesionales

¿Somos víctimas de nuestro destino o nosotros lo creamos?.

Esta pregunta que filósofos y científicos se plantean desde la más remota antigüedad, no tiene en realidad una sola respuesta.

Llegamos al mundo dentro de una familia determinada que nos marca las primeras pautas y nos estimula o no en nuestras habilidades naturales.

Luego la vida se desarrolla entre escuelas, colegios, la comunidad y la historia particular de nuestro entorno afectivo y social, qué nos han enseñado y qué de eso hemos aprendido.

Nuestra situación vital actual en todos sus aspectos está multideterminada por lo que traemos al nacer como talentos innatos o tendencias + nuestra historia infantil y familiar sobretodo hasta la adolescencia + lo actual, determinado por nuestras elecciones adultas más otras situaciones que no hemos elegido vivir.

Según cómo hemos procesado interiormente estas experiencias, pero sobretodo segúnla actitud mental con que percibamos la realidad, es que construiremos nuestro futuro que es ya.

La imagen de "ver la botella medio llena o medio vacía", da cuenta en forma simple de una visión optimista y otra pesimista de la misma realidad.

Por lo tanto, podemos concluir que nuestra actitud mental respecto de nuestra realidad interna y de la externa determinará el entusiasmo y la fuerza con que encararemos nuevos proyectos.

Podemos pensar y sentir que lideramos nuestra vida, aunque condicionados en parte por factores exógenos, o percibir que la vida nos arrastra.

Pues bien, la actitud de una persona sana y sobre todo la de un emprendedor, es la alguien que sabe lo que quiere y no resta esfuerzos para conseguirlo.

II.3 *Valores*

Nuestros *valores* y *creencias* pueden ser facilitadores u obstaculizadores de nuestra autorrealización.

El fin último de cada una de las metas que el hombre se plantea en la vida, es su autorrealización. Al alcanzar sus objetivos previamente establecidos, el ser humano se siente satisfecho consigo mismo, se auto valora y siente que trasciende, deja huella, ha concretado algo significativo para sí y para los demás. Es decir, se realiza a sí mismo por sus propios medios.

Sin embargo, el propio sistema de valores (ideales o normas) y de creencias, pueden facilitar u obstaculizar nuestro camino hacia la autorrealización.

Por ejemplo:

- Si a una mujer le han inculcado desde pequeña la idea de que proveer económicamente al hogar es cosa de hombres, ante la necesidad de trabajar para producir, probablemente le resulte muy difícil ganar dinero, ya que inconscientemente sentirá que ello no es adecuado a los valores que recibió de su familia.

- A una persona a quien su familia o entorno social le han inculcado que lo seguro es trabajar en relación de dependencia, tendrá que enfrentarse a su temor cuando deba tomar la decisión de trabajar en forma independiente a través de un autoempleo, por ejemplo, o de un microemprendimiento.

- De la misma manera, un adolescente a quien se le ha transmitido que no importa lo que haga para ganarse la vida, siempre que sea un trabajo honrado y que lo haga bien, no tendrá conflictos si su vocación es artística por ejemplo. Tendrá la convicción de que podrá ganarse la vida y alcanzar su autorrealización.

- Si un valor inculcado es el sometimiento al superior, será muy difícil para quien lo haya internalizado discutir, defenderse o enfrentarse a un superior jerárquico cuando le sea preciso.

- Lo mismo que a un padre que "obliga" de alguna manera a su hijo a seguir sus pasos en una empresa familiar, por ejemplo, cuando el hijo desea dedicarse a una profesión independiente. Si el hijo acepta esa responsabilidad por no defraudar a su padre, lo más probable es que no alcance la plenitud de sentirse autorrealizado.

Podríamos dar muchos ejemplos más y usted seguramente encontrará los suyos.

Como vemos, los valores y las creencias generalmente recibidas en nuestra educación o a lo largo de la vida a través de personas influyentes sobre nosotros, pueden actuar trabándonos en nuestras posibilidades de desarrollo o bien favoreciéndolas.

Los mismos funcionan muchas veces de manera inconsciente y producen efectos en nosotros a menos que nos prevengamos, fundamentalmente de los que lo hacen como obstáculo.

Para ello es preciso concientizarlos y manejarlos.

Ejercicio:

1- Recuerde y anote las frases que sus padres decían cuando usted era pequeño/a, tales como "los hombres no lloran", "la mujer debe ser madre y esposa y el hombre proveedor", "eres torpe en esto o aquello", "debes cuidar a tus hermanos", "la vida es lucha", etc.

2- Ahora piense y escriba cómo esas frases han influido a lo largo de su vida en forma positiva o negativa.

3- Considere que esas frases marcadoras no son suyas sino de quienes las recibió. Si le han servido para el éxito, las puede adoptar como propias en forma consciente. Si no, es conveniente que las deseche transformándolas en frases alentadoras que reconozcan sus virtudes y sus logros.

No olvidemos que lo que nos decimos a nosotros mismos es el germen de lo que luego conseguiremos en la vida real.

II.4 Proceso de establecimiento de objetivos de vida

II.4.1 Fijación de objetivos personales y profesionales:

Nuestros objetivos personales y profesionales y la interrelación entre ambos, dependen de nuestros deseos y éstos a su vez de nuestras necesidades.

Según Maslow, existen 5 niveles de necesidades que van de lo biológico a lo psicológico. Estas son:

1- Necesidades fisiológicas o básicas (alimentación, vestido, techo, transporte, etc.);
2- Necesidades de seguridad que aseguran las necesidades básicas (trabajo, cobertura médica, etc.);
3- Necesidad de pertenencia a un grupo social (dar y recibir afecto);
4- Necesidad de prestigio y estima (autoestima y estima de los otros por influenciar);
5- Necesidad de autorrealización (trascendencia, vocación, desarrollo de potencia-lidades, realización de proyectos).

En síntesis básicamente se trata de tres tipos de necesidades:

- *De subsistencia;*
- *De relación con otros;*
- *De crecimiento personal.*

Ahora bien, sobre estas necesidades se montan los deseos. Ellos son los vehículos a través de los cuales se satisfarán las necesidades de una manera particular o personal.

Puedo necesitar comer pero ¿qué deseo comer?.
De la misma manera tengo deseos de pertenecer ¿pero a qué grupo?,
¿De qué grupo de pertenencia deseo recibir reconocimiento y afecto?
Por otro lado, existe lo que llamamos *auto concepto*:

1- **Lo que creo que soy;**
2- **Lo que supongo que los demás piensan de mí;**
3- **Lo que yo quisiera ser.**

La articulación particular que yo establezca entre lo que creo que soy y cómo supongo que los demás me perciben (a veces las propias potencialidades las detectan más los otros que nosotros mismos), será el terreno inicial desde donde me proyectaré en el futuro, es decir, determinará mi yo ideal posible, quién o qué deseo llegar a ser.

A partir de esto surgirá la posibilidad de determinar mis objetivos de vida y de realización personal y profesional.

Ahora ¿sobre la base de qué elige cada uno sus objetivos para realizarse en lo laboral o profesional?.

Por supuesto que esta elección estará determinada en gran parte por la edad, estudios, experiencias, extracción socio- cultural, salud, lugar de residencia.

Además de lo último, existen variables determinantes que se relacionan directamente con los valores y creencias de las que hablamos. Definiremos nuestros objetivos en función de algunos parámetros que priorizan los medios y otros que priorizan los fines.

Priorizar los medios sería por ejemplo:

- Búsqueda de satisfacción vocacional;
- Tener mucho tiempo libre para dedicarme a mis hobbies;

- Avidez de aprender, conocer y experimentar;
- Calidad de vida: estresante en función del logro de un alto nivel económico, o tranquila aunque no muy redituable.

Priorizar los fines sería:

- Búsqueda de status social y respeto.
- Buscar pasar de la dependencia a la independencia y de ella a la interdependencia.
- Búsqueda de riqueza.
- Realización personal a través del trabajo social.

Si usted desea crear y poner en marcha su micro/emprendimiento, deberá tener en cuenta cuáles sus las prioridades. Su proyecto deberá dar respuesta a las mismas y consecuentemente a la satisfacción de las necesidades que ya mencionamos.

Ejercicio:

Objetivo: Proponer metas y planes de vida a corto, mediano y largo plazo.

Proceso:

En su cuaderno de ejercicios escriba su plan de vida respondiendo a las preguntas:

¿Dónde estaré?
¿Qué haré?
¿Cómo estaré en las áreas laborales, situación afectiva, la familia y los estudios?

Capítulo III:
Incubación creativa de la idea de negocio

III. 1 *La creatividad aplicada a los negocios*

En un contexto económico globalizado, donde la competencia es cada día más feroz, se impone la aplicación de todas nuestras capacidades de innovación en pos de ofrecer valor agregado o diferenciación a nuestros productos y servicios.

Ahora no competimos solamente con las empresas locales pequeñas, medianas o grandes, sino también con las internacionales que arriban con sus capitales a nuestro puerto. Si bien esta situación es atemorizante, ya que cambia todos los paradigmas o modelos con los que hasta hace poco tiempo trabajábamos, nos ofrece también la posibilidad de incorporarnos al mundo y competir en el mundo.

Para ello es preciso capacitarse, estar permanentemente informado de lo que ocurre a nivel económico nacional e internacional, y tener una actitud de apertura mental para que, lejos de amedrentarnos, podamos valorar lo nuestro y estar atentos a nuevas oportunidades de negocios, ya sea que podamos generar nosotros mismos un negocio original (crear la demanda a partir de la detección de un deseo no satisfecho en algún nicho de mercado) o bien competir en el mercado con uno ya existente, al que le podemos agregar valor diferencial gracias a nuestra propia creatividad.

En síntesis, el pensamiento creativo aplicado a los negocios no implica sólo la capacitación en determinadas técnicas que lo facilitan, sino que representa una *actitud*.

La misma debe estar presente en forma permanente en los emprendedores en pos de una adaptación flexible a los cambios constantes de las reglas de juego del mercado, de las tendencias, de los paradigmas, para no quebrarse sino acompañar esos cambios y extraer lo mejor de ellos en su beneficio y en el de la Comunidad.

¿Qué es la Creatividad?

Existen muchísimas definiciones de este concepto pero en general todas coinciden en que se trata de

"... La capacidad de asociar elementos pertenecientes a realidades diferentes, construyendo una nueva síntesis que dé una respuesta no convencional a problemas ya existentes, que no han podido resolverse por la vía racional o lógica..."

Es una manera diferente de encarar la realidad haciendo uso de la intuición, integración, síntesis, combinatorias, analogías, imaginación, sin enjuiciar lo que nos aparece hasta que este proceso haya dado como resultado gran cantidad de ideas alejadas de la realidad concreta.

Es una forma de "jugar" con las ideas, sin juzgarlas, con el fin de encontrar materia prima que a posteriori utilizaremos para enriquecer nuestros proyectos de solución.

Como vimos anteriormente, todos los seres humanos poseemos esta capacidad, sólo que algunos la utilizamos más que otros y por lo tanto la hemos desarrollado más.

Como vimos en los perfiles de Sistemas Integrados (que Ned Herrmann llama Cerebro Integral), cada perfil se corresponde con un cuadrante dentro de un hemisferio del cerebro.

De manera que todos poseemos los cuatro cuadrantes, sólo que preferimos alguno/s, utilizamos otro/s y/o evitamos el uso de algún otro. Todos ellos son importantes, ya que el creativo genera la idea nueva; el racional determina si va a ser viable o no en la lógica de la realidad; el implementador la va a llevar a la práctica o la va a producir y el comunicador la va a vender.

Ahora lo que nos interesa es poner en práctica la utilización de nuestro pensamiento creativo, por lo que aplicaremos técnicas específicas para que, después de haber encontrado un cúmulo de ideas no convencionales, las crucemos con nuestro pensamiento lógico–formal analizando la viabilidad de su aplicación en la realidad concreta.

Este proceso garantizará originalidad y realismo, lo cual hará que nuestro negocio posea un valor agregado o diferencial con el cual competir exitosamente en el mercado.

Nuestro objetivo será la incubación de la propia idea de negocio, con perspectivas de rentabilidad.

No deseamos presentar un saber teórico sobre el pensamiento creativo, sino llevarlo a la acción a través de ejercicios personales y grupales que faciliten el acceso a nuestro objetivo. Al mismo tiempo, éste será un entrenamiento activo sobre el uso de la creatividad en todos los órdenes de la vida, ya que se trata de un mismo proceso aplicado al tema de interés que nos ocupe.

III. 2 Fases del Proceso

Este proceso se basa en el modelo de Guy Aznar (Director del Grupo Synapse, Francia).

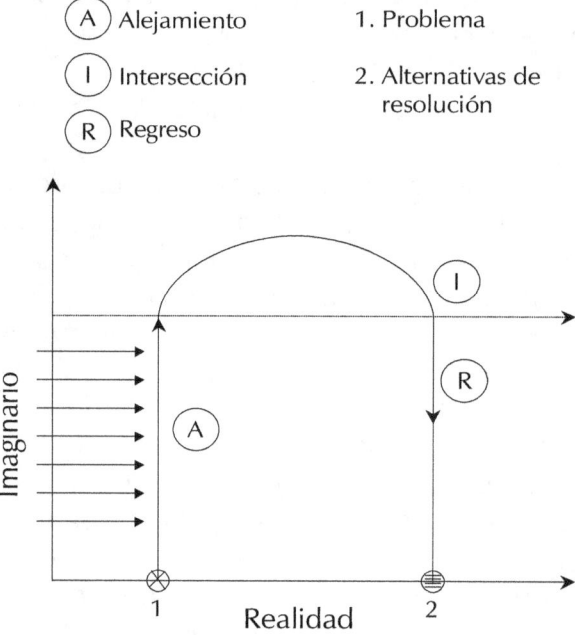

Gráfico del Proceso Creativo

(A) Alejamiento
(I) Intersección
(R) Regreso

1. Problema
2. Alternativas de resolución

1. Dadas dos coordenadas que se cruzan, la horizontal correspondiente a la **REALIDAD** y la vertical a lo **IMAGINARIO**. Partimos de un **problema,** tema o asunto a cambiar o resolver del orden de la realidad concreta.

2. Se analiza exhaustivamente la realidad histórica y actual del mismo, se lo "**Radiografía**" en todos sus aspectos y se realiza una **"Purga de ideas"**: se explicitan todas las ideas de solución previas, es decir en las que ya se haya pensado. Así se "limpia el campo".

3. A partir de este punto, dibujaremos imaginariamente una parábola que ascenderá por la coordenada de lo imaginario (aplicación de técnicas de **ALEJAMIENTO** de la realidad, incubación propiamente dicha), para **REGRESAR** a la realidad con una o más alternativas de solución o respuestas a nuestro problema original.

4. A determinada altura de la producción de *ideas creativas, cuando consideremos que ya son suficientes, realizaremos la* **CAZA DE IDEAS**: elegiremos de todas las producidas, las más fuertes, la que nos parezcan más interesantes y potentes.

5. Una vez seleccionada la/s misma/s, haremos la **INTERSECCIÓN** entre la coordenada de lo imaginario y la de lo real; chequearemos en la realidad, a través de la implementación de una *mini-investigación de mercado,* la viabilidad de la idea que previamente hayamos definido como la más fuerte en la intersección, para transformarla en nuestra idea de negocio.

6. Si la idea seleccionada e investigada, demostró ser viable o factible en su realización
    y en su posibilidad de ser vendida (si va a haber compradores para nuestro producto o servicio), entonces nos abocaremos al armado de una carpeta **PRELIMINAR DE IDEA DENEGOCIO,** donde

bosquejaremos todos los aspectos y temas a tener en cuenta para la planificación de nuestro negocio y para la elaboración de una carpeta-documento definitiva para presentar, por ejemplo, ante entidades bancarias o crediticias.

III. 3 Laboratorio de incubación de la idea de negocio

- *Objetivo:*

Aplicación práctica del modelo precedentemente descripto.

- *Modalidad:*

Individual o grupal. Lo podrá efectuar solo o con un equipo de personas que lo acompañen en sus objetivos o con quienes desee elaborar una nueva idea de negocio.

Los siguientes ejercicios constituyen un proceso con un inicio, un desarrollo y un final. Como todo proceso requiere de tiempo dedicación y compromiso. Si usted está realmente dispuesto a elaborar creativamente una idea de negocio, póngase en marcha y dedíquele los días que sean necesarios para todo el desarrollo.

Notará en este decurso que sus canales de percepción de la realidad tanto externa como interna, se abren, se sensibilizan, se agudizan.

Mirará con nuevos ojos o nueva mirada, las cosas que supuestamente ve todos los días. Oye cosas que antes percibía de otra manera o que no registraba. Su visión también se ampliará.

Deberá poner cierto empeño por recabar toda la información posible sobre la realidad externa (a usted), a través de los medios disponibles: revistas de negocios, diarios, radio, televisión, libros de temas de actualidad laboral, otros. Mantenerse al día con la información de todo lo que le interese, le dará mayores posibilidades de transformarse en un verdadero emprendedor.

Paso a paso seguiremos los momentos indicados en el gráfico precedente.

Primera fase: Definición del problema o tema y acopio de información.

El problema sobre el que vamos a trabajar será: "A través de qué nuevo negocio podré modificar mi situación laboral actual".

Ejercicio Nº 1: Purga de ideas

Este ejercicio consiste en dejar escritas todas las ideas de negocio que se le han ocurrido últimamente.
También las ideas que otras personas le hayan sugerido.
Esto lo hacemos para "despejar el terreno" de las ideas preconcebidas. Por el momento las dejaremos de lado; tal vez le sean útiles más adelante.

Ejercicio Nº 2: Radiografía

En un cuadro de columnas (verticales) debe escribir "telegráficamente" un listado de características personales con relación a los siguientes ítems:

1- Estudios formales e informales a lo largo de la vida.
2- Vocaciones postergadas.
3- Oficios y trabajos de padres y de personas influyentes sobre usted.
4- Deseos de ellos en relación con su oficio o profesión.
5- Trabajo actual del cónyuge.
6- Experiencia laboral propia o ruta de vida laboral.
7- Qué logros obtuvo en cada uno de ellos.
8- Habilidades naturales.
9- Capacitación- aptitudes (que sabe hacer mejor).
10- Lo que más le gusta hacer (en todos los órdenes).
11- Intereses de temas generales.
12- Mi sueño o deseo a corto, mediano y largo plazo en lo personal y en lo laboral. Solo o acompañado.
13- Estilo de vida deseado.
14- Que obstaculizaría su concreción.

Seguramente al ver esta radiografía de su vida y habilidades, tomará conciencia de todas las habilidades y aptitudes que posee, además de la experiencia que pudo haber recogido.

Hasta ahora hemos reunido información sobre la realidad externa y sobre la personal.

En relación con la primera, es importante que esté al tanto de las necesidades de alguna industria con la que usted esté familiarizado.

Cuanto más nos conocemos en nuestras fortalezas y debilidad, y más conocemos del tema con que trabajaremos, más oportunidades de éxito tendremos.

Segunda Fase: Alejamiento

En esta fase la consigna será "no enjuiciar las ideas que surjan, por disparatadas que parezcan".

Ejercicio N° 3:

Busque un entorno lo más relajante posible. Sin prisas, sin interrupciones, en su lugar preferido y que le permita la mayor concentración. Puede ambientarlo con música suave o lo que usted decida que le resulte confortable para pensar libremente.

Teniendo a la vista el cuadro que viene de confeccionar, imagine que usted es un asesor o consultor de personas que requieren su asesoramiento para desarrollar ideas de negocios.

Trate de sentirse jugando ese rol; lea detenidamente la "radiografía de su consultante" y marque en ella (en el cuadro), los puntos relevantes o ideas fuerza: aquello que más potente, diferente o interesante le parezca. Es fundamental por el momento que olvide que ese cuadro es suyo.

Juegue con las ideas combinándolas, asociándolas, sumándolas, articulándolas de manera creativa, de a dos o cuatro ideas por vez, eligiéndolas al azar.

La pregunta que debe hacerse todas las veces que desee es: "¿Qué tal si combinamos esta característica con esta habilidad, más esta aptitud, más esta experiencia laboral?".

La respuesta a cada una de estas preguntas deberá ser una idea de negocio.

Repetimos que no las juzgue; por ahora estamos jugando creativamente con las ideas alejadas de larealidad.

Trate de realizar la mayor cantidad de combinaciones posibles con las sugerencias consecuentes. Pida a cónyuge, hijos, amigos de su confianza, padres, hermanos, etc. que también lo ayuden haciendo lo mismo que usted hizo.

Si se trata de un equipo que intentará asociarse, realicen el mismo ejercicio de forma individual y grupal, pasándose en rueda las respectivas radiografías y sugiriéndose negocios posibles.

Al final de este proceso, que puede llevar varios días, usted, con o sin grupo acompañante, habrá recogido una larga lista de sugerencias. Ésta será la materia prima para trabajar los siguientes pasos.

En la misma habrá ideas que a su vez puedan asociarse entre sí para dar origen a otra nueva, habrá ideas que podrá agrandar, achicar, modificar en algo, etc.

Tercera Fase: Intersección

Ejercicio N° 4: Caza de Ideas

Esta fase consiste en achicar la cantidad de lo producido a tres ideas fuerza a lo sumo, elegidas entre las más interesantes.

En este momento sin duda comenzamos a aplicar la racionalidad o el pensamiento lógico- formal, ya que de alguna manera percibimos que estas ideas pueden ser novedosas porque resuelven algún problema en algún nicho de mercado o porque ofrecen una respuesta a determinada necesidad no satisfecha, por ejemplo, por las grandes empresas.

En fin, si bien no la hemos investigado aún, percibimos o intuimos que es una idea atractiva y factible de concretar.

Este es el momento del acto creativo por excelencia al cruzar o intersectar lo imaginario con la realidad.

Ejercicio N° 5:

Debemos ahora someter a juicio crítico las ideas cazadas, analizarlas en sus pros y sus contras para decidir cuál o cuáles elegiremos finalmente para investigarlas en su viabilidad en el mercado.

Algunas de las preguntas que debe hacerse respecto de cada una son:

- ¿Es novedosa?.
- Si no lo es, ¿qué valor agregado puedo introducirle?.
- ¿Responde a alguna necesidad no satisfecha en el mercado?
- ¿Considero a priori que es factible de realizar?
- ¿Me parece que habrá quien me la compre?
- ¿Qué ventajas y qué desventajas creo que tiene?
- ¿Es realista desde el punto de vista de la inversión?

Antes del "Regreso" a la realidad con nuestro problema original resuelto en una o más soluciones alternativas, deberemos realizar una investigación de mercado, a nuestras posibilidades, acotada.

Esta nos dará cierta garantía de que nuestro producto o servicio seleccionado tendrá compradores en el mercado.

Está comprobado que los emprendimientos que se chequean en el mercado con anterioridad a lanzarse, tienen más posibilidades de éxito que aquellos que no lo hacen.

Ejercicio N° 6: Investigación de mercado:

- Fase de evaluación y cotejo con la realidad.
- Análisis de factibilidad o viabilidad del proyecto de negocio.

La metodología de la investigación de mercado, implica la "salida al campo", es decir a la realidad concreta para poder predecir con el menor margen de error posible, si va a haber o no compradores para nuestro servicio o producto.

Por supuesto que la haremos a escala pequeña y tal vez con menos profesionalismo que con el que la haría un profesional del tema. Pero esto no invalida en absoluto su eficacia para nuestros fines, sino que nos aportará tal vez mucho más de lo que esperábamos encontrar para enriquecer la idea que hayamos elegido.

Para ello necesitamos seguir determinados pasos para su preparación y definir varios aspectos:

1- *Definir mi idea de negocio.* En términos claros y escritos en no más de un renglón.

2- *Segmentar el mercado* en función de diferentes parámetros, para poder conocer muy bien a quienes nos vamos a dirigir:

- Definir al cliente potencial:
    - Si son individuos, debemos saber: sexo, edad, nivel educacional, nivel socioeconómico, ubicación geográfica donde se localiza, situación familiar, y toda aquella característica particular que tenga relación directa con lo que pensa-

mos vender (la lista sería interminable ya que a cada servicio o producto, le corresponde un perfil singularizado del cliente a quien irá dirigido).
- Si se trata de empresas, familias u otras instituciones, deberé segmentarlas según sus características (tipo, tamaño, rubro, etc.).

3- *Qué necesidad* viene a cubrir la idea de mi proyecto.

4- Esta necesidad: ¿está cubierta ya por *competidores* o sustitutos?.

5- Si la respuesta es sí, ¿qué valor agregado o *ventaja comparativa* (diferencial) le voy a introducir?.

6- En el *área geográfica* donde pienso instalarme, ¿con quienes competiré?.

7- Otras.

La idea es que elaboremos un cuestionario escrito de no más de diez preguntas más sugerencias para pedir que nos lo respondan personalmente o no. Cuanto mayor sea nuestra muestra, o sea, la cantidad de cuestionarios completados, mayor información obtendremos.

Dicha muestra deberá estar constituida por personas u organizaciones que posean el perfil que tendrá nuestro potencial cliente (target). De lo contrario, esta investigación no sería válida.

Cada persona o equipo de emprendedores deberá afinar su capacidad de análisis para elaborar las preguntas que con mayor claridad y síntesis, les dé la información más rica.

Las preguntas pueden ser cerradas (sí- no), abiertas (aquí la persona puede explayarse en su opinión) y mixtas cuando a las cerradas les agregamos "por qué".

No olvidarse de finalizar con sugerencias personales de los encuestados, ya que son de gran utilidad a nuestros fines.

Las preguntas deben ser claras y bien planteadas. A través de ellas deseamos averiguar si existe interés o este es despertado por la propuesta que tenemos planeada.

Usted tiene toda la libertad para inventar las preguntas que le parezcan le van a resultar de más utilidad.

Análisis de resultados:

Se suman los resultados y se les da valor cuantitativo a las preguntas cerradas (cuántos del total de la muestra contestaron por sí y cuántos por no).

Las respuestas de las preguntas abiertas y los por qué de las cerradas se evalúan cualitativamente. Es decir, qué nos sugieren, qué motivaciones se detectan, qué otras necesidades se detectan, etc. Se destacan de ellas, las que se reiteran en varios encuestados, lo que hablaría de un reforzamiento del interés por las mismas.

Estas respuestas son de inestimable valor porque nos aportan elementos para enriquecer o aún modificar nuestra idea original.

Una vez que hayamos desarrollado y evaluado nuestra mini investigación, estaremos en condiciones de ratificar, rectificar o enriquecer la idea de negocio de la que partimos, hecho lo cual pasaremos al armado de nuestra **CARPETA PRELIMINAR DE IDEA DE NEGOCIO.**

Antes, es fundamental evaluar *más detalladamente* quien será nuestra competencia:

¿Quién es nuestra competencia?
¿Dónde está localizada?
¿En qué aspectos competimos: precio, calidad, servicio al cliente, atención personalizada, rapidez en la entrega, etc.?
¿Qué valor agregaremos a nuestro servicio para poder competir?
¿Cuáles son sus fortalezas y sus debilidades?
¿Por qué le comprarían a ella en vez de a mí?
¿Cómo promueven sus productos?
¿Quiénes son sus distribuidores?

¿ Qué servicios adicionales ofrecen y si cobran por ellos?

¿ En términos de la Comunidad, qué tan saturado está el mercado de la competencia o hay lugar para un nuevo negocio similar?

Otras preguntas pertinentes.

Cuarta Fase: Regreso

En esta fase se procede al armado de la carpeta preliminar de la idea de negocio

III. 4 Armado de la carpeta preliminar de la idea de negocio

El valor de esta carpeta radica en los siguientes factores:

1- Constituye un documento escrito por uno mismo donde se vuelcan todos los aspectos que hacen al buen funcionamiento futuro del negocio.

2- Permite programar la planificación del mismo para chequear periódicamente si se han alcanzado o no los objetivos propuestos.

3- Es el documento que, corregido luego por un profesional experto, las entidades oferentes de créditos piden para su otorgamiento, ya que incluye el análisis de viabilidad.

4- Permite contar con un esquema metódicamente ordenado que implica la NO IMPROVISACIÓN (causa de la mayoría de los fracasos).

Incubación Creativa de Ideas de Negocios   51

5- Permite prevenir y actuar con racionalidad, midiendo consecuencias de acciones y analizando riesgos a asumir.

Los puntos que incluye son los siguientes:

1- IDEA DE NEGOCIO: su definición expresada en forma sintética (un renglón) y clara.

2- OBJETIVOS: qué necesidad pretende cubrir; justificación de su existencia.

3- PRODUCTO O SERVICIO que vamos a vender.

4- TARGET (blanco de mercado): quien y cómo es el CLIENTE.

4- DESARROLLO: listado de todos los servicios principales y accesorios que ofreceremos.

5- COMPETENCIA: con quiénes se compite en precio y calidad.

6- VALOR AGREGADO: qué ventajas comparativas ofrece nuestro servicio o producto para que el potencial cliente lo elija entre otros. En qué se diferencia.

7- LOCALIZACIÓN: a dónde están ubicados geográficamente los potenciales consumidores.

8- PROVEEDORES: de qué necesito proveerme para fabricar el producto o para ofrecer el servicio. Quiénes serán mis proveedores.

9- INFRAESTRUCTURA: lugar físico desde donde desarrollaré mi trabajo. Características que requiere; distribución de planta, etc.

10- MUEBLES Y ÚTILES: elementos imprescindibles para el buen desarrollo del negocio.

11- PERSONAL necesario. Sus funciones. Tipo de contrato de trabajo.

12- SOCIOS Y ASOCIADOS. Sus funciones y responsabilidades.

13- ORGANIGRAMA: roles y responsabilidades de cada uno.

14- DISTRIBUCIÓN y COMERCIALIZACIÓN: de qué manera deseo vender y a donde. Directa o indirectamente, a través de qué canales de distribución.

15- VENTAS: quién y cómo se va a ocupar de ella.

16- COMUNICACIÓN: a través de qué medios gráficos, orales, masivos, informáticos, etc., voy a comunicar lo que vendo. Nunca olvidarnos que este es un tema fundamental, ya que por mejor que sea nuestro producto, si no lo comunicamos, no lo podremos vender. También se debe pensar en qué personas de influencia pudieran interesarse en una presentación de lo nuestro.

17- PROFESIONALES A LOS QUE DEBEREMOS CONSULTAR: contador, abogado, otros. Inscripciones, inspecciones, habilitaciones, gastos de contratos de sociedades etc.

18- COSTOS ESTIMATIVOS DE INICIO: con todo lo analizado hasta ahora, debemos realizar una estimación aproximada del dinero que necesitaremos para el arranque. Es bueno sumarle al estimado un porcentaje para imprevistos.

19- ORIGEN DE LOS FONDOS: de dónde pensamos obtener el dinero.

20- PLANIFICACIÓN DE ACCIONES A IMPLEMENTAR PASO A PASO (agenda). Este punto consiste en detallar las acciones inmediatas para ponernos en marcha para la concreción de nuestro proyecto.

Es imprescindible tener armada la carpeta preliminar de la idea de negocio para actuar racionalmente y no correr riesgos desestimados previamente.
La misma deberá ser chequeada y completada con la ayuda de un profesionalexperto: Contador, Abogado o Lic. en Administración, Marketing, otro, antes de transformarla en definitiva.
Además debemos tener en cuenta que puede y debe ser modificada en función de los cambios del contexto y de los avances de nuestro negocio, revisada permanentemente y actualizada.

Capítulo IV: Desarrollo de la mentalidad empresaria

Los temas que muy sucintamente veremos a continuación, no pretenden ser más que un recordatorio de las posibles necesidades de capacitación en desarrollo de mentalidad empresarial, que usted podrá considerar para mejorar en su plan de formación continua.

Recomendamos asimismo revisar nuevamente el chart de competencias de empleabilidad, como ejercicio de autoevaluación.

IV.1 Formación de equipos de trabajo

En el Capítulo I, hablamos de del perfil del empresario.

Allí dijimos que había una serie de características de personalidad que son imprescindibles para poder participar eficientemente en un equipo de trabajo empresarial y mucho más si se pretende crear una empresa unipersonal.

No pueden dejar de existir para que una idea de negocio se constituya en una Empresa las funciones de:

**Creatividad permanente
Análisis lógico racional
Planificación y ejecución
Ventas y Comunicación**

Decimos que estas son funciones que pueden estar adscriptas a una sola persona o a un grupo de personas, cuyo objetivo sea el mismo: llevar adelante una empresa, no importa su tamaño.

De hecho vemos que toda empresa importante tiene su área de desarrollo de nuevos productos, adonde se crean oportunidades de nuevos negocios; otra que toma las grandes decisiones, analizando si las nuevas ideas van a funcionar en el mercado; otra área que lleva a la realidad concreta la implementación estratégica del negocio y por último una fuerza de ventas que sale al mercado a colocarlo y que a su vez, retroalimenta al área creativa para el desarrollo de nuevos productos, en función de lo que detecte como necesidades no satisfechas.

La mentalidad empresarial es aquella que, aunque no posea las cuatro capacidades básicas, sabe que ellas deben ser asumidas y resueltas por alguien. Saber elegir adecuadamente a ese alguien, con la visión estratégica que apunta al éxito de la propuesta del negocio.

¿Por qué se impone hoy la construcción de equipos de trabajo?.

Se dice que en cuanto a resultados de trabajo una mente más otra mente es igual a tres mentes.

Los paradigmas han cambiado, porque las exigencias del cliente ahora son mayores.

Por lo tanto, el tipo de liderazgo organizacional autocrático, unipersonal, donde el jefe ordenaba y los empleados obedecían o sea la verticalidad absoluta, ya tiende a no existir.

Sabemos que la materia gris de las personas que trabajan en una Organización es su mayor capital, y éste se ve en acción y puede ser aprovechado si se les da lugar a través del trabajo en equipo.

Esto implica a todos sus participantes y les exige compromiso con sus tareas y con la Empresa. Las responsabilidades se comparten y se crea la llamada sinergia: unión de energías hacia un mismo fin, que potencia a las personas y al resultado final en el logro de objetivos.

Hoy día se estimula la participación de cada persona de la organización, se fomenta su compromiso con la misión y visión de la empresa y los resultados dicen que esta unión incrementa las ganancias.

La complementariedad de estilos de personalidad, de estilos de formas de ver la realidad y la interdisciplinariedad, favorece en gran medida los resultados finales ya que se enriquecen las propuestas.

Pensemos que cuando una empresa se desarrolla, lo que más debe conocer e intuir, es el mercado al cual se va a dirigir.

Cuanto más heterogéneo en sus características sea un equipo de trabajo, mayor riqueza tendrá en su visión de la realidad del mercado.

Eso sí, deberá compartir sus objetivos para lo que se deben ceder protagonismos individuales, anteponer los objetivos comunes a os del equipo. El fin es que se imponga la personalidad e identidad de la empresa, no la singularidad de sus miembros.

Para trabajar en equipo es preciso auto conocerse y conocer a los otros, así como valorarlos en sus fortalezas y sus debilidades: las unas para fomentarlas y potenciarlas al máximo, las otras para minimizarlas y hacerlas cumplir por otros para quienes sean fortalezas.

Por lo tanto, todos los autores del proceso deben estar comprometidos con los mismos objetivos y deponer individualismos a ultranza en función del bien común.

IV. 2 *Toma de decisiones*

Ante todas las alternativas de solución que se nos presentan a posteriori de un buen desarrollo creativo, se impone tomar determinaciones.

Para ello es preciso:

1- Definir minuciosamente cada alternativa de solución encontrada,

2- Hacer un listado de sus ventajas y sus desventajas con relación a todos los factores intervinientes como:
   - Costos,
   - Oportunidad coyuntural (¿es el momento adecuado?, ¿por qué?),
   - ¿Hay alguien que se ocupará de cumplir con los objetivos propuestos?
   - ¿Cómo está la competencia actuando en un tema similar?
   - ¿Existen sistemas de ayuda estatal y de protección ante eventuales problemas?

- ¿Existe una auténtica necesidad de este producto en el mercado?
- Si me coloco en el lugar del consumidor, ¿ lo compraría?, ¿por qué?
- También debemos analizar las ventajas y desventajas de la toma de decisión con relación a nuestra vida personal. Ejemplo:
    ¿Estoy en condiciones familiares, económicas, anímicas, para asumir esta responsabilidad?,
    ¿Podré viajar?,
    ¿Podré pedir crédito?
    ¿Cuánto tendré que vender para poder financiarlo?, etc.

Un empresario asume riesgos medidos. Repetimos que tal vez la condición más importante que no puede dejar de tener es la *motivación al logro*: tiene un sueño y está empeñado en convertirlo en realidad, porque conoce sus condiciones, se rodea de gente a quien respeta y valora, y no teme al esfuerzo ni a los tropiezos.

IV.3 Visión compartida

Ahora bien, para que un equipo funcione de manera efectiva y eficiente, debe compartir criterios en los siguientes aspectos: VISIÓN, MISIÓN, OBJETIVOS y ESTRATEGIAS.

Para lo cual deberán atender a saber o aprender a trabajar en equipo, comunicarse efectivamente y negociar para ponerse de acuerdo.

Esto transformará a un mero conjunto de personas trabajando juntas, en una auténtica Organización.

Para que exista Organización se deben compartir:

- **Visión:**

"Una visión es una imagen del futuro que deseamos crear, descripta en tiempo presente como si sucediera ahora. Una proclama de visión muestra a dónde queremos ir y cómo seremos cuando lleguemos ahí", dice Peter Senge.

Responde a la pregunta "qué queremos ser", cómo nos visualizamos en un futuro de un año, cinco años, diez años, con relación al mercado local y a la competencia internacional, regional u otra.

Si la visión se comparte, está dada la piedra fundamental para una posible feliz trayectoria.
La misma debe ser conocida por todos los miembros de una organización, no importa el lugar que ocupen.

- **Misión**:

Qué se propone la Organización. Representa la razón fundamental o propósito para la existencia de la misma.

Es la razón de ser de la organización. A través de qué Servicio o producto específico vamos a cumplir con nuestra misión de ser rentables o de ofrecer un servicio gratuito a la comunidad, o de educar por ejemplo.

- **Objetivos:**

Son las metas parciales a alcanzar, tanto cualitativas (de calidad, formas de organización, métodos, etc.), como cuantitativas. Son las metas que la gente de una organización se compromete a alcanzar en el término de pocos meses.

- **Estrategias:**

Cuáles van a ser las metodologías de acción: de ventas, promocionales, de comunicación, de pedidos de préstamos, de financiación, etc., para lograr nuestros objetivos.

Establecimiento de pautas de operatividad: esto implica una detallada acción preliminar de *planificación estratégica*, donde se determinen paso a paso las acciones correctas a llevar a cabo y los autores o implementadores responsables de cada tarea.

IV.4 *Valores de la Organización*

Son los rectores de las conductas. Se asocia con todo aquello que se considera de mérito o respeto. Es el modo en que nos proponemos operar día a día mientras perseguimos nuestra visión. Ejemplos: pautas de conducta recíproca, valoración de la clientela, ética entre las personas, vigor, agresividad comercial, seriedad, confiabilidad, profesionalismo, etc.

IV.5 Negociación efectiva

Antiguamente el concepto de negociación era el de la guerra: YO GANO – TÚ PIERDES.

Hoy las cosas han cambiado, y hasta en el terreno internacional, los problemas se dirimen el plano diplomático antes que en el armado.

Hoy se tiende a trabajar hacia un modelo de negociación donde ambas partes, cuyos fines se contraponen, ganen en parte. Esto implica que ambas también cedan en algo de sus pretensiones. Pero sin duda es mejor ganar algo a nada o inclusive saber que los dos ganaremos con el acuerdo al que arribemos.

Hoy en día halamos del esquema GANAR-GANAR.

La negociación está presente en todos los aspectos de la vida humana: el familiar, con hijos, padres cónyuges, parientes, y en el laboral: con jefes, subordinados, pares.

El ser humano tiene la tendencia natural, por el instinto de conservación, a defender sus posiciones, a veces hasta llegar hasta su propia autodestrucción: lo mismo que quiere preservar.

Pero sin duda el espíritu de cuerpo que tanto nos demuestra las culturas orientales, es el que tiende a prevalecer a través de los tiempos. Cada vez el correr de los tiempos nos demuestra con mayor claridad que la unión hace la fuerza. Y en un mundo hipercompetitivo como en el que vivimos, el unirnos, aun con aquel que nos parece nuestro enemigo (por ejemplo: unirnos a la competencia para un negocio específico), y mucho más con nuestros compañeros de ruta, se impone como una necesidad.

Esto conlleva madurez emocional y un cambio de mentalidad hacia el COMPARTIR.

Con esto no queremos decir que uno renuncie a ser quien es, sino que aspiramos a aprender que un VALOR supremo y fundamental en una Organización que pretenda crecer es el valor de la SINERGIA DE EQUIPO.

Cada uno deberá asumir su función o rol establecido, según sus competencias, habilidades, formación, capacidades naturales, pero en función del equipo de trabajo en el cual esté involucrado.

Ejercicio:

- Reúnase con su equipo y establezcan expectativas comunes y no comunes respecto de una tarea a realizar conjuntamente.

- Definan el *objetivo* a lograr.

- Definan roles, funciones y responsabilidades de cada uno por separado o en subequipos.

- Determinen la manera en que evaluarán los resultados.

- Definan los tiempos en que los resultados deberán estar preparados.

- Definan las prioridades. Para ello es fundamental saber diferenciar lo urgente de lo importante. Dado esto determinar el paso a paso de las acciones a seguir y por quiénes.

- Pasen a la acción: cada uno a su tarea en pos del logro del objetivo común.

Pasado el tiempo que se han dado para la ejecución de las respectivas tareas, se reúnen para evaluar resultados parciales, corregir rumbos, plantear nuevos objetivos, y vuelta a empezar.

Es fundamental evaluar los resultados y pedir feedback o retroalimentación del exterior (por ejemplo, a clientes).

Este último punto nos lleva a atender a un tema insoslayable: LA VISIÓN EXPANDIDA DE LA REALIDAD: verla en todos sus aspectos, cotejar siempre lo que hacemos con los efectos que tiene sobre ella y alimentarnos de ella.

Agudizar nuestra sensibilidad a lo que la realidad del mercado está necesitando, es el camino hacia nuevos descubrimientos y hacia innovaciones que puedan dar respuesta con ventaja comparativa y competitiva sobre servicios similares.

IV.6 Liderazgo

El tema de si los líderes nacen o se hacen ha sido profusamente expuesto en la literatura sobre negocios.

No podemos negar que existen personas que, ya sea por la vida que les tocó vivir o por sus características de personalidad, tienen una tendencia mayor a dirigir, persuadiendo a veces, imponiendo otras. Pero en general, se trata de seres que parecen tener claro qué quieren, adónde van, cómo se hacen las cosas y en general su visión de la realidad no les ha fallado respecto de los resultados a los que querían llegar.

Estas personas pudieron ser muy intuitivas, poco preparadas desde la educación formal, y aun así mostrar gran capacidad de liderazgo. Es como si tuvieran un don natural para resolver problemas, mirando a éstos en perspectiva: son los que ven el bosque sin dejarse tapar por un árbol.

Ahora esa es una capacidad natural que a la luz del estilo de liderazgo que hoy nos interesa: el SITUACIONAL, no es imprescindible poseer como tal sino que se puede aprender.

El LIDERAZGO SITUACIONAL es un tipo de liderazgo rotativo en función de la coordinación para la ejecución de un proyecto definido.

Una persona capacitada en un área del conocimiento, cuyos saberes tienen que ver específicamente con un proyecto a realizar, estará en condiciones de saber qué tareas deberán realizarse a los efectos de su concreción, quién estará en mejores condiciones de implementar cada tarea, evaluará periódicamente los resultados, coordinará y planificará estratégicamente las acciones hasta lograr con el cometido prefijado del grupo total.

Es decir las responsabilidades se reparten, todos tienen mayor compromiso con la empresa y cada persona lidera proyectos que realmente competen a su formación, lo que garantiza mejores resultados.

IV.7 Comunicación

Nada de lo que hemos dicho tendrá el resultado óptimo esperado si no consideramos la importancia de la *comunicación efectiva*.
Siempre estamos comunicando. Aún en nuestros silencios, también lo hacemos no sólo con la palabra sino con todo nuestro cuerpo (comunicación gestual), nuestro tono y modulación de la voz, y con el tipo de lenguaje que utilizamos.

Entre los seres vivos, todo es comunicación. Lo importante es saber qué deseamos transmitir con nuestros mensajes, para que la forma en que lo hagamos, permita no tergiversar el sentido de lo que queremos decir.

Para ello, tanto en Comunicación y Atención al Cliente, como en negociación, como en Formación de Equipos de Trabajo, siempre debemos recordar que la responsabilidad por la claridad y eficacia del mensaje la tiene el EMISOR del mismo.

Para que mi mensaje llegue adecuadamente a mi interlocutor, debo "ponerme en sus zapatos", saber de sus valores, creencias, conocimientos, prejuicios, necesidades (por ejemplo con un cliente), y hablarle desde ahí.

De nada sirve hablar con tecnicismos a alguien que no es técnico en lo mío, ya que no me va a comprender. Por lo tanto se debe tener muy en cuenta que aún dentro de un equipo de trabajo con los mismos fines, el tema de la Comunicación es fundamental, y muchas dificultades en el trabajo y en los logros profesionales se pueden evitar atendiendo especialmente a este tema que no por muy trabajado, está lo suficientemente puesto en práctica con artesanía y dedicación especial: así de delicado es.

Ejercicio:

Reúnase con el equipo con el que ha generado su idea de negocio o hágalo solo, y escriban en forma *clara*, *concisa*, *concreta* y *correcta* (las cuatro C de la Comunicación efectiva), el

**Qué
Para qué
Para quién** y
Cómo

de vuestro proyecto.

Realicen con este material, una presentación escrita para lo que podría llegar a ser un folleto institucional.

Cada uno deberá hacer un juego de rol (role playing), transmitiendo en una supuesta entrevista de presentación de vuestros servicios, lo que ofrecen a un posible comprador.

No olviden aquí hacer hincapié en los BENEFICIOS que el otro recibirá al comprarme.

Venda con entusiasmo y confianza en usted mismo y en su producto: lo que se vende es CONFIANZA ante todo.

V.8 Atención al Cliente

Como ya dijimos, hoy se compite fundamentalmente por el servicio.

Debemos considerar que un negocio sólo sobrevive si consigue y mantiene a sus clientes, Para ello debemos deleitarlos, atender sus quejas y reclamos de buena disposición, porque ello nos ayuda a mejorar nuestro servicio y superar sus expectativas: darle más de lo que él mismo imagina que recibirá de nosotros.

Ahora bien, la atención al cliente externo comienza en la atención al cliente interno.

Esta es una concepción que se originó en Japón que dice que dentro de una Organización todos somos proveedores de alguien cuyo servicio necesitamos para realizar eficazmente nuestra tarea, y a la vez tenemos Clientes que requieren de lo que nosotros hacemos.

En esta cadena interna el último destinatario es el cliente externo.

Por supuesto que esto puede parecer un ideal y lo es, pero en sumamente importante que cada persona de una Organización tome en cuenta que esto es lo que se espera de ella.

Para que la Calidad Total se cumpla, es preciso que cada trabajador controle su propia tarea, se sienta independiente e interdependiente con otros independientes (conceptualización de Stephen Covey en "Los 7 Hábitos de la gente altamente efectiva") en lo suyo; se haga responsable totalmente por lo que hace y de esta manera no desperdicie recursos de todo tipo en tener que hacer su tarea dos ó más veces.

El principio, como vemos es sencillo, no por eso fácil, pero las grandes compañías lo ponen en práctica con grandes resultados. Las pequeñas, con más razón, deberían hacerlo, ya que el ahorro que implica, la rapidez de los procesos y la efectividad general se hacen notar rápidamente.

Se le llama también de mejora continua, ya que el TIEMPO, factor fundamental en su administración, es utilizado con calidad es decir, más para lo importante que para tareas a veces poco productivas aunque necesarias.

Por último hablemos de la Atención personalizada al cliente externo: el buen trato, la consideración, el respeto, el escuchar sus reclamos para mejorar nosotros, todo lo que parece obvio pero no lo es y hace a la diferencia entre un buen servicio a las personas y otro que en vez de atraerlas las espanta.

Ejercicio:

Reunido con su equipo de trabajo del más jerárquico hasta el último (todos son la cara de la Empresa), determinen en un juego de roles quién es proveedor y quién Cliente de quien en la cadena de cliente interno.

Pida cada cliente a su proveedor interno cómo, cuándo y porqué necesita de su trabajo para poder continuar ininterrumpidamente con la cadena hasta llegar al cliente externo.

IV.9. Introducción al coaching

TODO LÍDER DEBE SER UN COACH DE SUS EMPLEADOS O COLABORADORES.

La palabra coach proviene del deporte: los DIRECTORES TÉCNICOS DE LOS EQUIPOS DEPORTIVOS estimulan a sus coacheados (EQUIPOS QUE DIRIGEN) a dar lo mejor de sí, a incrementar sus potencialidades aún las desconocidas para ellos.
También el coach ayuda a cada participante del equipo a sortear los obstáculos que inevitablemen-

te se le presentarán, estimulándolo y ayudándolo a superarlo, cambiando su decir: cambiando el observador que es o su mirada de la situación en que se encuentre, es decir haciendo que vea sus dificultades como oportunidades para su aprendizaje

PARA LO CUAL ES **IMPRESCINDIBLE** *LA ESCUCHA* **DEL LÍDER**

Para ello el coaching nos enseña e escuchar eficazmente y hablar con precisión celebrando las diferencias de cada uno y generando el espíritu de equipo que trabaja hacia un mismo objetivo donde cada uno complementa lo que al otro le falta.
Se diluyen así las diferencias y competitividad interna creando un clima de armonía y colaboración que apunta al logro de los resultados esperados.

Capítulo V
Arquitectura Herrmann. Arquitectura sobre el autoconocimiento, el de los otros y la toma de decisiones a cerebro integral.

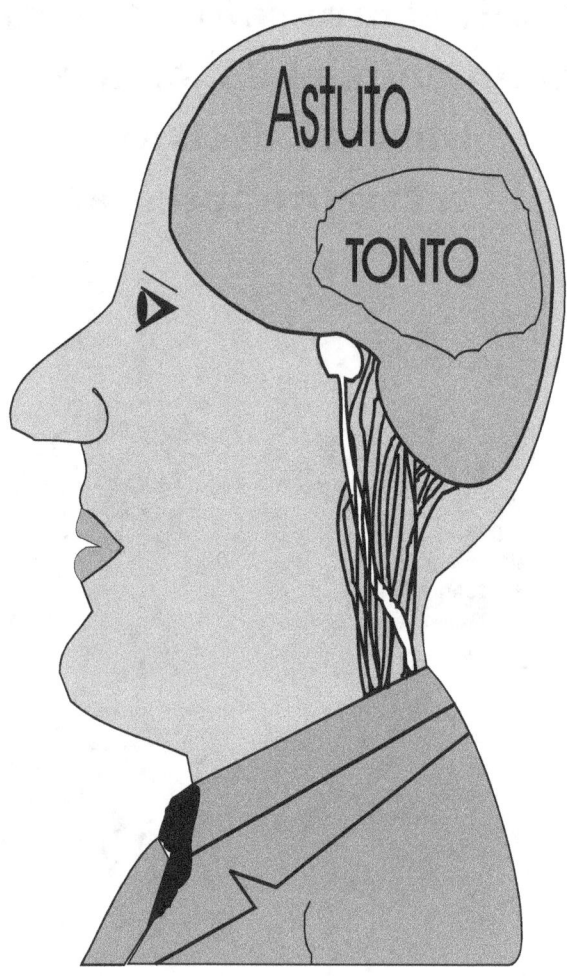

Incubación Creativa de Ideas de Negocios 73

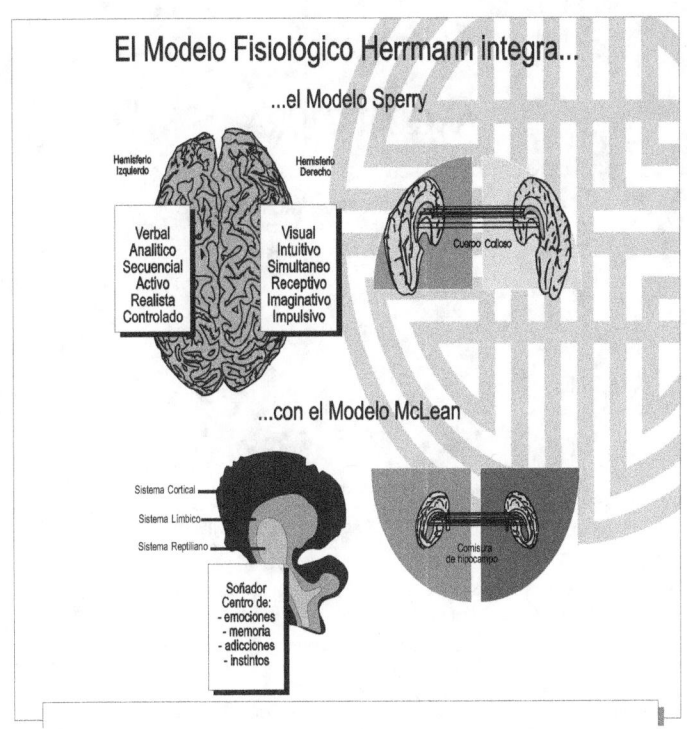

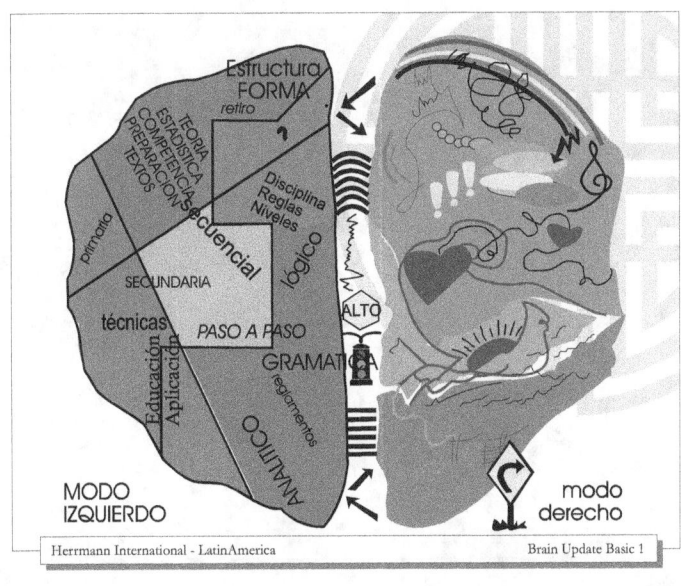

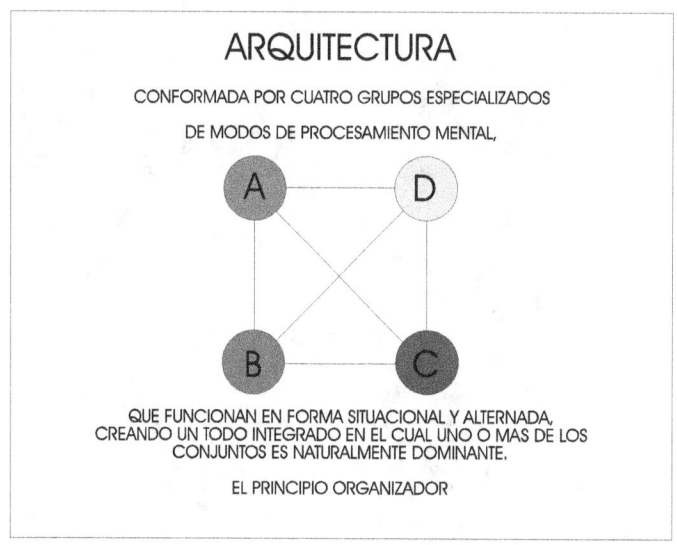

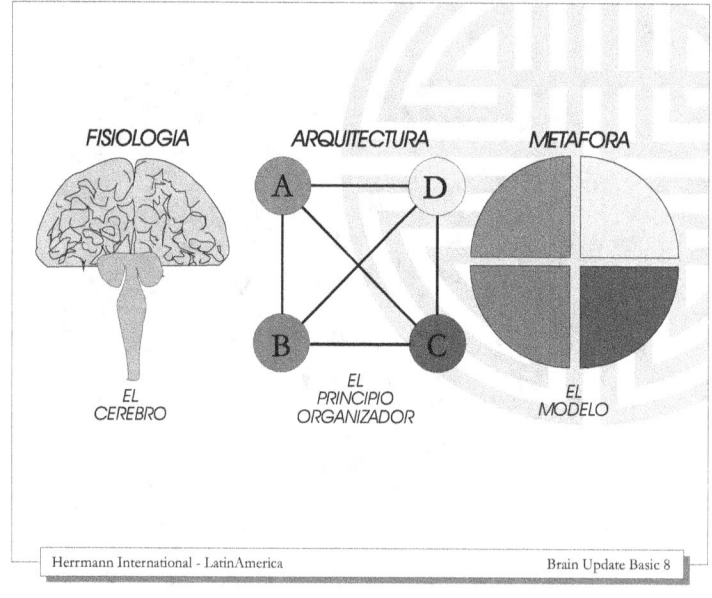

Incubación Creativa de Ideas de Negocios

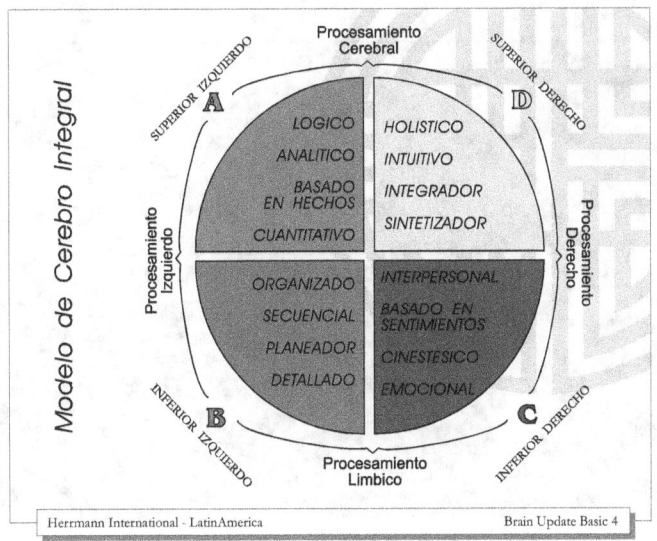

Los distintos lenguajes del cerebro

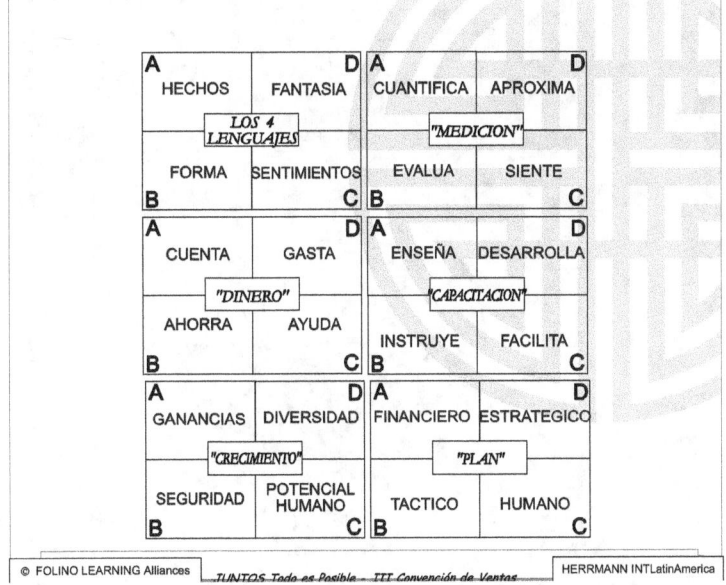

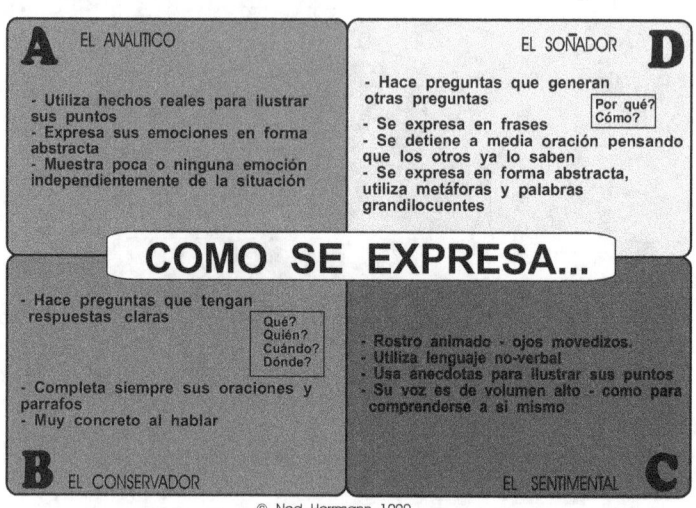

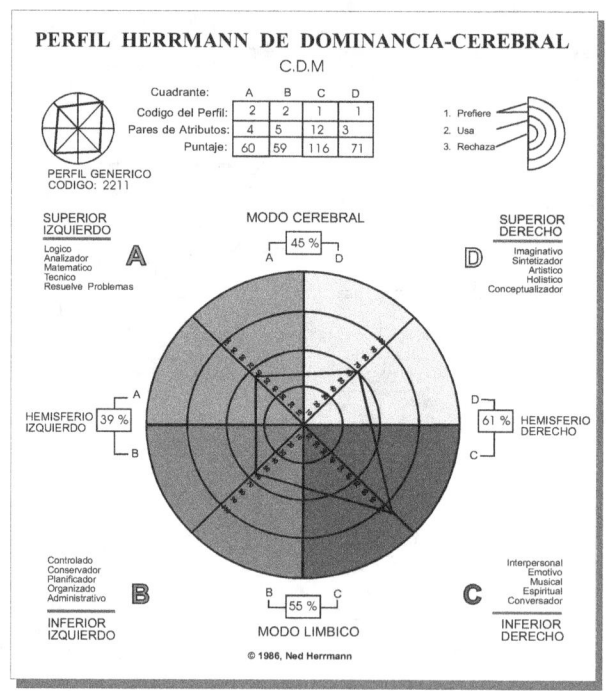

HBDI - Herrmann Brain Dominance Instrument Perfil

Incubación Creativa de Ideas de Negocios

El Perfil Herrmann

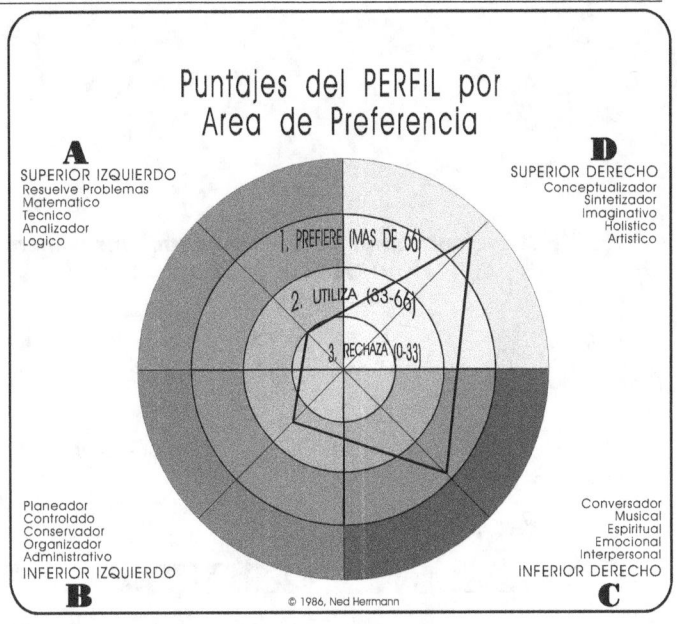

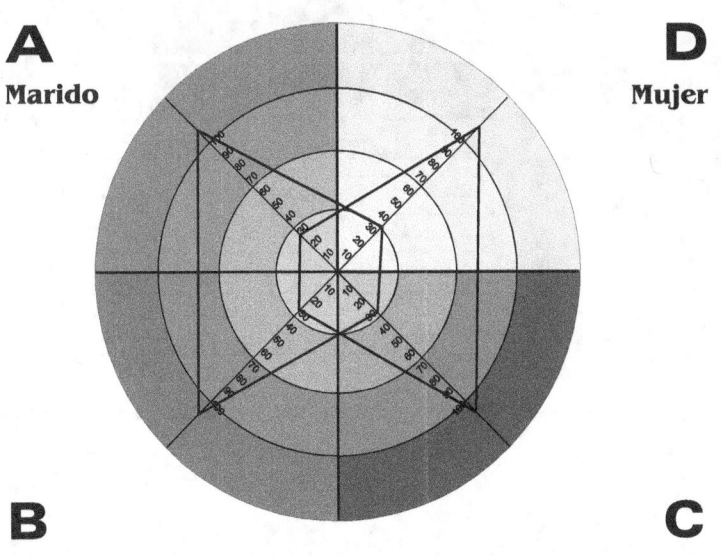

A Marido

D Mujer

B

C

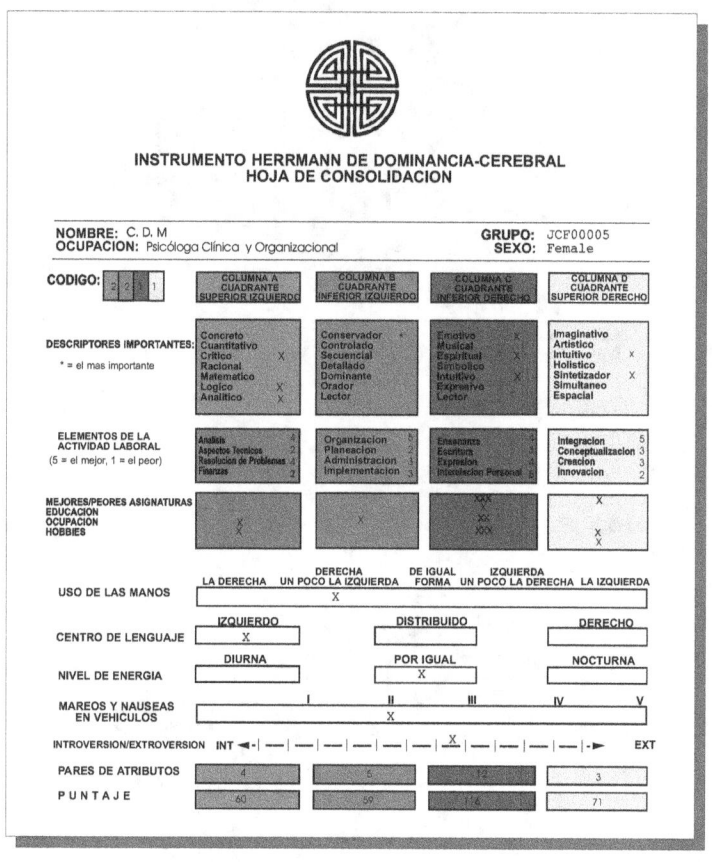

Incubación Creativa de Ideas de Negocios 79

"El Hospital" – Distintos tipos de Estilos de Pensamiento

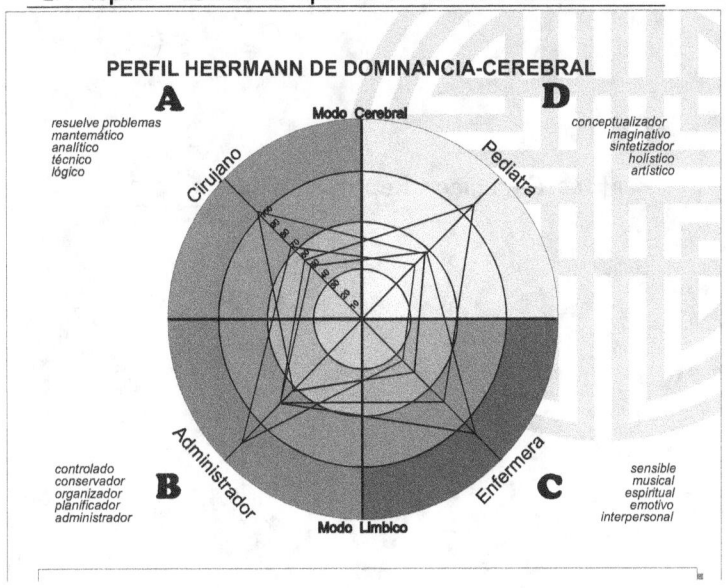

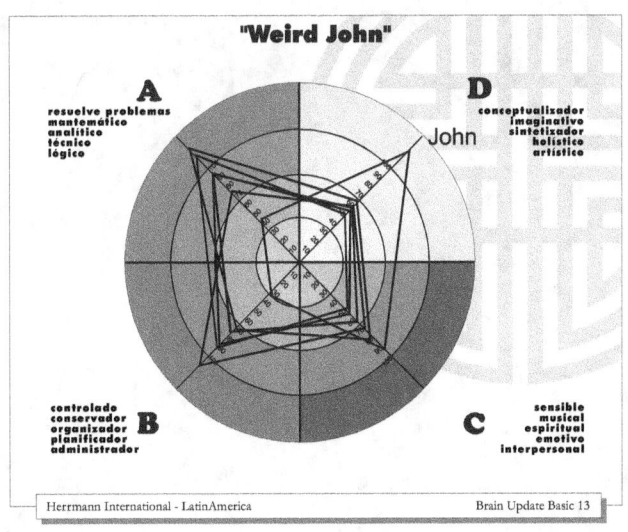

Perfiles Genéricos Representativos

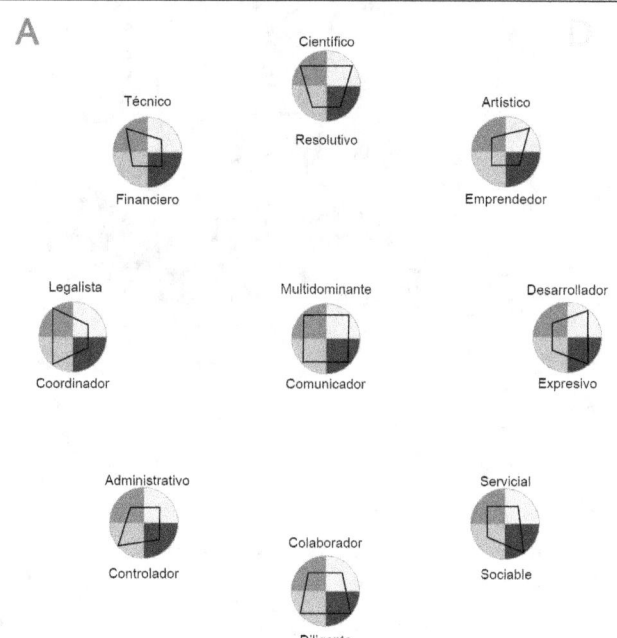

Incubación Creativa de Ideas de Negocios 81

Grupos y Equipos de Trabajo

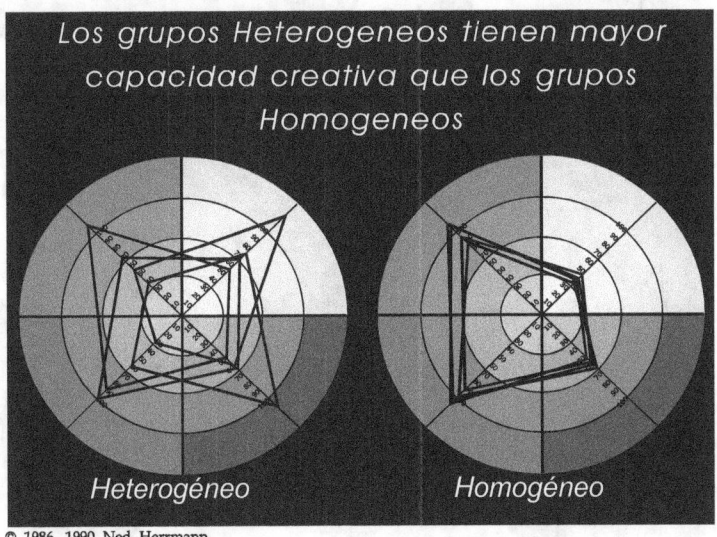

© 1986, 1990 Ned Herrmann

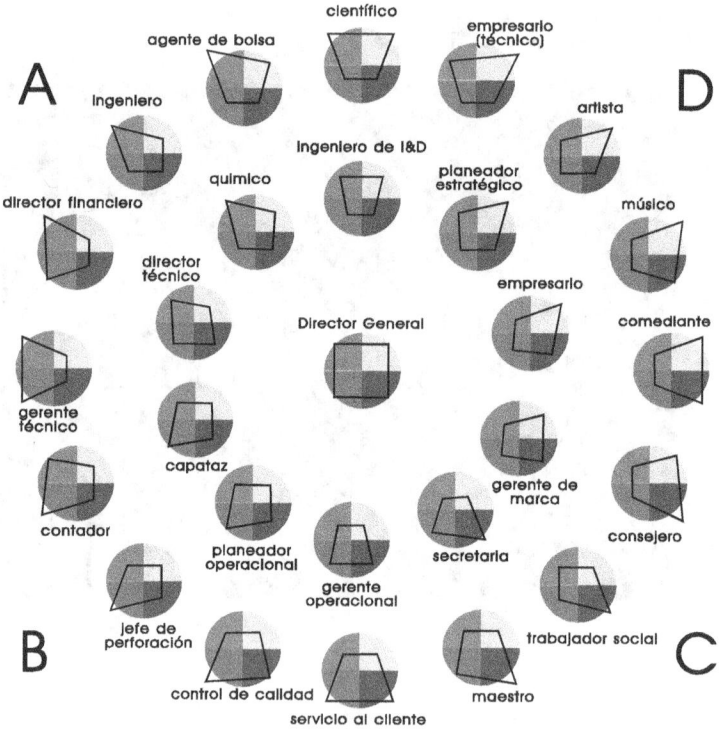

VI Epílogo

Todas las herramientas a su alcance en estas hojas no tienen valor en sí mismas, sino en la medida en que usted pueda utilizarlas, sacar el mayor provecho de ellas en pos de resolver no sólo su presente coyuntura vital, sino todas aquellas que en el futuro puedan volver a presentársele.

De usted depende construirse un futuro en el que pueda manejar sus temores sabiendo que con una actitud positiva y una cierta metodología que hoy se lleva, podrá enfrentar los cambios a los que la vida nos tiene acostumbrados.

VII. Bibliografía

- La creatividad en la Empresa – Guy Aznar
- Usted, S.A. - William Bridges
- La inteligencia emocional en la empresa – Daniel Goleman
- Nuevas organizaciones en tiempos de caos – Tom Peters
- La quinta disciplina – Peter Senge
- Los 7 hábitos de la gente altamente efectiva – Stephen Covey
- Las fuentes de la creatividad humana – Carlos Tereschuk
- Desorganización creativa, organización innovadora – Eduardo Kastika
- Psicología de la creatividad – Mauro Rodríguez Estrada
- El trabajo: un valor en peligro de extinción – Dominique Méda
- Your small business made simple – Richard Gallager
- Tous a mi-temps! Ou le scénario bleu – Guy Aznar
- Arquitectura Herrmann. Arquitectura sobre el autoconocimiento, el de los otros y la toma de decisiones a cerebro integral. (Por Juan Carlos Folino, Ned Herrmann y Hernán Di Filipo

VIII. Formación académica y práctica de la autora

- FORMACIÓN ACADÉMICA

1973: Licenciada en Psicología – UBA 1974

Postgrados y especializaciones:
- Postgrado en Psicoanálisis. Egresada y docente de la Escuela Argentina de Psicoterapia para graduados (1978-88).
- TAVISTOK CLINIC - LONDRES
- Psicología Laboral: El factor humano en las Empresas: Selección – Capacitación y desarrollo, organización sistémica, otros. UBA postgrados.
- Stage en Creatividad Empresaria en París, Francia (1985/6) con el Dr. Guy Aznar
- Postgrado en Londres,U.K. : Lenguaje corporal en la Comunicación en la London Dance Therapy Association (1977)
- Amplia Formación de Postgrado en RR.HH. de organizaciones
- Coach Ontológica Transformacional acreditada internacionalmente por la ICF internacional coach. Federación nivel ACC acreditated coach) y por la AAPC (Argentina) egresada de la Escuela Argentina de PNL y Coaching-
- Docente en la Universidad del Salvador en el año 1981
Idiomas: inglés, italiano, francés, portugués
- Formación psicoanalítica psicóloga clínica (UBA 1974)

Grupos de estudio de psicoanálisis con los siguientes maestros y supervisores
Dr. Lic Zetner
Dr. Baremblit Gregorio
Dr. Carpinacci
Dra. Susana Lustig de Ferrer
Dr. Córdoba Luis
DR. Braier Eduardo

Dr Emiliano del Campo
Dr. Arnaldo Rascovsky muchos otros

- Práctica institucional:

1. Centro de salud mental de Beccar (formaba parte del hospital de Vicente López)
.2. Hospital Pirovano – equipo de adultos y familias y parejas. Director del área Dr. Wainstein (1974 a 1976)
. Fundación Salvat

- Práctica privada.

En consultorio propio con Niños, parejas, adultos, jóvenes, grupos terapéuticos.
Actualmente trabajo con adultos y jóvenes en forma individual y grupal.

www.ingramcontent.com/pod-product-compliance
Lightning Source LLC
Chambersburg PA
CBHW082116220526
45472CB00009B/2195